JUSTIÇA NACIONAL
JUSTIÇA EUROPEIA

JUSTIÇA NACIONAL
JUSTIÇA EUROPEIA

A Jurisprudência do Tribunal de Justiça
da União Europeia

JUSTIÇA NACIONAL
JUSTIÇA EUROPEIA
ORGANIZADOR
EDUARDO PAZ FERREIRA
Instituto Europeu da Faculdade de Direito de Lisboa
EDITOR
Rua Fernandes Tomás, nºs 76, 78, 80
3000-167 Coimbra
Tel.: 239 851 904 · Fax: 239 851 901
www.almedina.net · editora@almedina.net
DESIGN CAPA
FBA.
PRÉ-IMPRESSÃO • IMPRESSÃO • ACABAMENTO
G.C. GRÁFICA DE COIMBRA, LDA.
Palheira – Assafarge, 3001-453 Coimbra
producao@graficadecoimbra.pt
Abril, 2011
DEPÓSITO LEGAL
326552/11

Apesar do cuidado e rigor colocados na elaboração da presente obra, devem os diplomas legais dela constantes ser sempre objecto de confirmação com as publicações oficiais.
Toda a reprodução desta obra, por fotocópia ou outro qualquer processo, sem prévia autorização escrita do Editor, é ilícita e passível de procedimento judicial contra o infractor.

ALMEDINA | GRUPOALMEDINA

BIBLIOTECA NACIONAL DE PORTUGAL – CATALOGAÇÃO NA PUBLICAÇÃO

JUSTIÇA NACIONAL, JUSTIÇA EUROPEIA

Justiça nacional, justiça europeia : a jurisprudência
do Tribunal de Justiça da União Europeia
ISBN 978-972-40-4485-9

CDU 34(4-67UE)

Sessão de Abertura
da Pós-Graduação em Jurisprudência
da União Europeia 2010-2011

EDUARDO PAZ FERREIRA
Presidente do Instituto Europeu da Faculdade de Direito de Lisboa
Presidente do Instituto de Direito Económico, Financeiro e Fiscal
Professor Catedrático da Faculdade de Direito de Lisboa

Este é, seguramente, um dia alegre para todos nós, envolvidos pelo sol reconfortante e energizante do Verão de São Martinho, que nos faz esquecer este que já é o Outono do nosso desconforto, antecedendo o Inverno do nosso descontentamento. É-o, também, porque conseguimos roubar às nossas sobrecarregadas agendas tempo e espaço para participar numa sessão de qualidade ímpar, pelos seus intervenientes e pela centralidade do tema a abordar

Acredito que, neste tempo de ruído ensurdecedor, o que de melhor se pode esperar de cada um de nós é que, na sua esfera de acção, se entregue empenhadamente a um trabalho rigoroso e isento. Que não cruze os braços, não perca o brio, nem se torne descrente. Assim ajudaremos o nosso país.

A todos os que aqui vieram e que, em muitos casos, nos honram com a sua presença constante nestas iniciativas, animando-nos a continuar o trabalho intenso que temos desenvolvido, muito agradeço a presença.

Permitam-me que simbolize o agradecimento a todos nas pessoas do Senhor Conselheiro José António Mesquita, Representante do Estado na Região Autónoma dos Açores, na sua esposa, Conselheira Laura Leonardo, primeira mulher a ascender ao

Supremo Tribunal de Justiça, no senhor Conselheiro Vice-Presidente do Tribunal de Contas, Morais Antunes, na Senhora Directora do DCIAP, Dr.ª Cândida Almeida, no Senhor Presidente da Relação de Lisboa, Desembargador Luís Vaz das Neves e na Senhora Procuradora Distrital de Lisboa, Dr.ª Francisca Van Dunem.

Honra-nos, especialmente, com a sua presença o Senhor Dr. Fernando Nogueira, antigo Ministro da Justiça, de cujo mandato todos os operadores judiciários se recordam com profunda saudade e respeito. Actual Presidente da Fundação Millenniumbcp, o Senhor Dr. Fernando Nogueira representa também aqui essa instituição a quem a Faculdade e o IDEFF tanto devem, graças à visão e empenho dos Senhores Drs. Carlos Santos Ferreira e Paulo Macedo. Agradeço também a presença dos representantes da KPMG, nossa parceira nas pós-graduações de fiscalidade.

Permitam-me que saúde o Presidente recém-eleito da Associação Académica e desejar-lhe um mandato cheio de êxitos, a bem dos nossos estudantes e da nossa Faculdade e dirigir, também, uma palavra ao antigo Presidente João Ascenso, cuja serenidade e bom senso permitiram ultrapassar da melhor forma as recentes dificuldades da Associação, com uma inteligente utilização dos seus poderes de Presidente da Assembleia Geral.

Os meus agradecimentos vão, de seguida, para os alunos das três pós-graduações cujo início agora assinalámos – Direito Europeu em Acção, Avançada em Direito Fiscal e Mercados Financeiros – por terem confiado em nós e na qualidade dos nossos docentes, que envolvo, de modo particular, nesta saudação.

É com a maior gratidão que cumprimento os presentes na mesa:

O Senhor Vice-Reitor que, além de ser um dos entusiastas da criação do IDEFF, integra uma equipa reitoral que definiu e executa um ambicioso programa para a Universidade, e nunca nos tem faltado com o seu apoio e presença.

O Senhor Director e o Senhor Presidente do Conselho Científico que nos honram com a sua presença em mais uma iniciativa do IDEFF.

E, naturalmente, os nossos oradores convidados que, generosamente e com grande sacrifício pessoal, aceitaram o meu convite, que fez o Conselheiro Cunha Rodrigues sacrificar os últimos dias de umas curtas férias judiciais num vai-vem Porto/Lisboa, o Conselheiro Henriques Gaspar sobrecarregar ainda mais os seus já tão carregados dias e o Dr. Pinto de Abreu bater os recordes de velocidade entre Sintra (onde esteve num julgamento) e Lisboa e, ainda, atrasar outro importante compromisso no seu Conselho Distrital.

Recebo este sacrifício, humildemente, como uma manifestação da sua enorme devoção à causa da Justiça e ao serviço público, mais do que como uma dádiva de amizade.

Cumprimento, com profunda admiração, o Professor Paulo de Pitta e Cunha, cuja acção e exemplo, são responsáveis por aqui estarmos.

Intensamente empenhado na integração europeia de Portugal desde o início, o Professor Pitta e Cunha presidiu ao Instituto Europeu desde a sua criação, em 1984, e até há poucos meses, tendo desenvolvido uma actividade de formação de quadros e de reflexão sobre a evolução europeia a todos os títulos notável.

Graças ao seu trabalho, o Professor Pitta e Cunha foi honrado com a distinção de ter sido o primeiro catedrático Jean Monnet em Portugal, distinção a que, mercê da sua influência, se juntou a atribuição de um Pólo Europeu que corresponde, actualmente, à designação de Centro de Excelência, à Universidade de Lisboa. O Professor Luís Morais e eu próprio sabemos, também, que as nossas Cátedras Jean Monnet, são o resultado da sua influência e prestígio nos meios europeus

É, pois, nesta sequência que nos abalançamos a juntar as forças do Instituto Europeu com as do IDEFF e, aproveitando, o apoio da Reitoria e o reconhecimento pela Faculdade da importância da acção desenvolvida pelo Instituto Europeu, organizámos esta pós-graduação que vem colocar-nos, uma vez mais, na vanguarda dos estudos europeus.

Se é certo que, neste momento e por razões evidentes, são as questões da união económica e monetária que centram as atenções gerais e, de resto, também as nossas – através de um ambicioso conjunto de realizações a decorrerem durante este ano lectivo – nem por isso se deve esquecer que o futuro da União Europeia e dos seus exactos contornos se jogam em muitas outras frentes, com especial relevo, na perspectiva institucional, para o Tribunal de Justiça da União Europeia.

É por demais conhecido o papel que o Tribunal desempenhou historicamente no processo de integração europeia, com a jurisprudência comunitária a suprir os impasses políticos e avançar no sentido do aprofundamento da então Comunidade e do mercado único e, depois, interno.

Ao fazê-lo, o Tribunal, através de um activismo judicial pouco comum nos países com a nossa tradição jurídica, definiu uma verdadeira constituição económica de carácter marcadamente liberal, assente na supressão de todos os entraves às liberdades de circulação, o que neutralizou constituições nacionais, como a portuguesa, que se reclamavam de outro tipo de inspiração.

Muito provavelmente, o Tribunal enceta, agora e em larga medida também graças ao notável trabalho do Conselheiro Cunha Rodrigues, um novo período marcado pela preocupação de reequilíbrio da Constituição Económica com a Constituição Social, em tempos em que esta última tende a ser esquecida e a última fronteira da defesa dos direitos económicos e sociais europeus se vai situar no Luxemburgo.

Em todo este percurso, o Tribunal assumiu uma centralidade total no Direito Europeu que permite,

provocatoriamente, parafrasear a célebre afirmação: *o Direito Europeu é o que o Tribunal diz que é*.
Não tenhamos ilusões. Quem não conhecer e acompanhar de perto a jurisprudência do Tribunal não poderá conhecer o Direito Europeu. Por isso desenhei, com a colaboração do Professor Miguel Moura e Silva e do Mestre Nuno Cunha Rodrigues uma pós-graduação que me atrevo a considerar profundamente original entre nós.

A importância da jurisprudência europeia para uma correcta compreensão do estado actual da integração europeia e, mais importante, dos desafios que hoje se colocam aos Europeus, são inegáveis. A apreensão plena do projecto europeu passa, pois, pelo contacto directo e crítico com o labor do Tribunal de Justiça. É esse o espírito que anima a pós--graduação.

Os módulos que compõem o curso serão, por isso, leccionados tendo como elemento nuclear a própria jurisprudência das instâncias europeias, contando com um corpo docente interdisciplinar e internacional, constituído por especialistas reconhecidos nas diferentes áreas temáticas a tratar.

A pós-graduação foi concebida em diálogo com o Tribunal de Justiça da União Europeia, sendo proporcionada uma semana de trabalho no Tribunal na conclusão dos estudos. Essencial nesse diálogo é também a junção ao curso de antigos e actuais juízes, advogados-gerais e referendários dos tribunais comunitários, bem como advogados especialistas que participarão, para além dos módulos normais, num conjunto de *workshops*, seminários e conferências.

A enorme generosidade do Conselheiro Cunha Rodrigues, ao proporcionar o estágio junto do Tribunal, não pode deixar de ser aqui registada. Devolvo-lhe o penhor do reconhecimento do Instituto Europeu pelo seu gesto.

Temo-lo hoje connosco, para nos ajudar a reflectir sobre a questão fundamental das relações entre a justiça europeia e a justiça nacional, área que tem sido objecto de pouca atenção por parte de uma opinião pública, a quem a justiça interessa, sobretudo, enquanto objecto mediático, e mesmo de uma comunidade jurídica que não parece ter compreendido ainda, na sua plenitude, a importância da justiça europeia, como parece atestar o escasso número de reenvios prejudiciais.

Com a sua proverbial modéstia, o Conselheiro Cunha Rodrigues, quando interrogado sobre o seu trabalho no Tribunal de Justiça, costuma responder apenas: *é a comarca onde estou agora colocado.*

Todos quantos conhecem o meio sabem, no entanto, do seu enorme prestígio junto dos seus pares, da tenacidade do seu trabalho e da qualidade dos acórdãos que relata. Por isso presidiu à Comissão para a Reforma do Processo no Tribunal e foi eleito para a presidência da Segunda Secção do Tribunal.

Profundamente ligado à génese do Ministério Público, o seu longo exercício do cargo de Procurador-geral permitiu àquela magistratura alcançar um estatuto central na justiça do Portugal democrático.

No meio da sua intensa actividade, o Conselheiro Cunha Rodrigues consegue responder a múltiplas solicitações em Portugal e no estrangeiro e são muitas as vezes em que temos podido beneficiar da sua presença nesta Faculdade e, ainda, publicar um conjunto de artigos e livros dos quais destaco ***A Constituição e os Tribunais, Representações da Justiça em Miguel Torga, Comunicar e Julgar, Em Nome do Povo e Lugares do Direito***.

O Conselheiro Henriques Gaspar, Vice-Presidente do Supremo Tribunal de Justiça, desde 2006, é uma das mais relevantes figuras da geração dourada do Ministério Público, que contou com nomes como os de Artur Maurício e António Rodrigues Maximiano, cujas memórias emocionadamente recordo e a cujas viúvas, que nos honram com a sua presença, presto a minha homenagem.

Foi dos mais jovens magistrados (quiçá o mais jovem) a ascender ao Conselho Consultivo da Procuradoria-Geral da República e a sua passagem por esse órgão ficou documentada num conjunto de excelentes pareceres que enriquecem a cultura jurídica portuguesa, tal com as suas reflexões sobre justiça, da qual todos temos podido beneficiar.

A lucidez e densidade do seu pensamento jurídico são reconhecíveis em títulos como ***Ministério Público – Hierarquia e Processo Penal***, ***A Corrupção no fenómeno Desportivo***, ***A Justiça na Incerteza da Sociedade Contemporânea***, os ***Novos Desafios do Processo Penal no século XXI e os Direitos Fundamentais*** ou

Tribunal Europeu dos Direitos do Homem – Direito Penal e Direito Processual.

O Estado Português deve-lhe, ainda a forma notável como assegurou a representação portuguesa junto do Tribunal de Estrasburgo, evitando inúmeras condenações, graças ao brilho e profundidade da sua argumentação.

O Dr. Carlos Pinto de Abreu desenvolve uma actividade de advocacia intensa, que tem conciliado com a especial atenção que dedica à problemática dos direitos do homem e com o exercício das mais variadas funções na Ordem dos Advogados.

Estou seguro que todos partilhamos a nossa admiração pela forma serena e esclarecida como exerce essas funções, no meio de um turbilhão de conflitos que muito desgostam a classe.

Permita-se-me, apenas, que recorde mais a sua ampla bibliografia, expressa designadamente na autoria e co-autoria das seguintes obras, *Estratégia Processual – De uma visão bélica para uma perspectiva meramente processual*, *Direitos do Homem – Dignidade e Justiça*, *Direitos Humanos – Cidadania e Igualdade*, *Direitos Fundamentais – Multiculturalismo e Religiões*, *Direitos Básicos – Alimentação, Saúde e Habitação* e *Legislação de Execução de Penas e Regime Penitenciário*.

Três oradores de excepção vão, pois, das suas diferentes perspectivas, expor-nos o seu pensamento em matéria de justiça europeia. Muito obrigado a todos.

EDUARDO PAZ FERREIRA

Alguns temas e múltiplos desafios

JOSÉ NARCISO CUNHA RODRIGUES
Juiz Conselheiro do Tribunal de Justiça da União Europeia
Presidente da Segunda Secção do Tribunal de Justiça

Na recente visita que o Tribunal de Justiça da União Europeia realizou a Portugal, o vice-presidente do Supremo Tribunal de Justiça, Conselheiro Henriques Gaspar, meu querido Amigo, aqui presente, falava das perspectivas da entrada em vigor do Tratado de Lisboa e da explosão processual que, a seu ver, se anunciava, quando fez um comentário lateral que ia deixando apoplécticos alguns dos meus pares.

Disse o Senhor Conselheiro:

"O Tribunal de Justiça funciona bem porque funciona pouco!".

Era a mais pura das verdades e fundava-se na mesma lógica em que ma baseei quando, nas minhas anteriores funções (no século passado, vejam!) me atrevi a dizer que a justiça era um bem escasso e provoquei a ira dos zeladores do templo que protestaram, alto e bom som, que os direitos fundamentais não podem nunca ser um "bem escasso".

De facto, a realidade ensina-nos que os tribunais funcionam tanto melhor quanto menos forem solicitados.

É uma verdade empírica que, no entanto, se está a tornar crítica.

Com o aparecimento de sociedades de direito em abundância e a expansão, a partir da segunda grande guerra, do ideal dos direitos fundamentais, o braço do Estado providência colocou-se ao serviço da justiça para tornar efectivo aquilo que os processualistas tinham construído como postulado científico: o de que a cada direito corresponde uma acção e onde à pessoa que carecer de meios económicos, o Estado o pagará.

Estamos agora numa fase de desconstrução que se caracteriza pelo pragmatismo militante e a que falta, por isso, o suporte teórico que, apesar de tudo, animava o movimento expansionista: varrem-se competências para debaixo do tapete, privatiza-se e emagrece-se o sistema judicial.

Começa provavelmente a recear-se que, contrariamente às expectativas, a justiça acabe por funcionar pouco e mal...

Proponho-me tratar de algumas implicações deste tema e recuperar o essencial de exposições anteriores à luz da experiência europeia.

É certo que o Tribunal de Justiça é um tribunal diferente da generalidade das jurisdições nacionais: quanto às atribuições, à estrutura e ao método.

No entanto, um dos primeiros choques culturais com que me deparei foi o da não existência de adiamentos de audiências de julgamento. Advogados, agentes dos Estados membros, peritos ou partes viajam da Irlanda, da Polónia ou de Malta e chegam a tempo e horas.

Como não acredito em sistemas predestinados, fui-me interrogando, até encontrar uma razão plausível para a inexistência de adiamentos: é que nem o Estatuto nem o Regulamento de Processo do Tribunal os prevêem.

E então, Senhores, pensei poder associar ao princípio de que a justiça funciona tanto melhor quanto menos funcionar, um outro: um legislador escrupuloso, exigente e parco em disposições impõe disciplina onde milita a desordem.

Há, em todo o caso, um domínio em que a lei é, por tradição, parcimoniosa: o do juiz.

Ora, nem aqui os ventos parecem soprar de feição.

É sobre este tema que alinharei algumas ideias, sumariamente, como aconselha o tempo que me foi atribuído.

A questão é complexa de resolver e simples de enunciar: será possível estabelecer ou restabelecer o juiz "virtuoso", "culto", ao mesmo tempo enciclopedista e especializado, sensível à comunicação e refractário aos *media*, técnico apenas dentro da técnica (como diria Pessoa), por isso capaz de "apertar o parafuso" em meia dúzia de processos, enquanto lê um poema de Sofia?...

A resposta é pronta e obscura: não sei se é possível...

A justiça, particularmente na Europa, está inundada de complexidade.

Os juízes de qualquer Estado membro da União, e Portugal não é excepção, estão confrontados com um quadro jurídico verdadeiramente singular: duas ordens jurídicas constitucionais (com maior rigor, uma delas, a europeia, supraconstitucional) e uma ordem jurídica ordinária.

Esta última saturada de disciplinas, face ao movimento crescente de pretensões normativas, particularmente originado:[1]

a) pela globalização da economia, pela nova ordem mundial do comércio e pela emergência de matérias especialmente carentes de tutela como são as relativas ao ambiente e ao consumo;

b) pelo aumento da criminalidade e das suas conexões internacionais;

c) pelos problemas de ética política e de conduta cívica motivados pela ausência de normas ou pela reduzida intensidade das normas que regulam as relações entre poderes públicos e economia de mercado;

d) pela perda de influência das elites e da sua capacidade de produzirem pensamento alternativo;

e) por um escrutínio de opinião pública tempestuoso, provocado por deficiências estruturais do sistema judicial, mas também por condições inerentes à própria comunicação social;

---

[1] Cfr. Cunha Rodrigues, *Novas fronteiras do direito*, Instituto da Conferência, Conselho Distrital do Porto da Ordem dos Advogados, 2006.

f) pela rápida mutação de paradigmas sócio-culturais; e *last but not the least*

g) por duas crises: a da legitimidade da democracia representativa e a da sustentabilidade do Estado-providência.

Subitamente, o sistema judicial foi solicitado para resolver tensões e arbitrar conflitos gerados por este desarticulado conjunto de variáveis.

Foi então que se descobriu que "o rei ia nu".

O que é absolutamente desprovido de senso.

O "rei" não vai "nu".

Usa os trajos, respeita a solenidade e caminha com a lentidão exigidos pelos códigos de pompa e circunstância, o que tudo foi aceite e reverenciado durante séculos...

O que mudou não foi o juiz; foi o mundo.

Se, contudo, nos detivermos mais atentamente, concluiremos que uma significativa parte das solicitações que se apresentam ao juiz devem ser entendidas como dirigidas à comunidade jurídica em geral.

Para só apresentar um caso de estudo, direi que os indicadores apontam para que alguns Estados membros da União Europeia, de que Portugal é um exemplo paradigmático, têm taxas insignificantes de aplicação do direito da União.

O número de reenvios prejudiciais provindos de Portugal é excepcionalmente reduzido. Esta circunstância não pode explicar-se pela periferia, pois são múltiplas as conexões estabelecidas com o resto da

Europa em qualquer domínio das liberdades económicas.

Ora, na maioria dos Estados membros – e isso vê-se nos processos – é decisivo o papel exercido pelos advogados no reenvio prejudicial. Sem mesmo invocar a prática forense do Reino Unido em que, por regra, são os advogados que propõem e dão conteúdo às questões prejudiciais.

Esta situação empobrece o direito português a duplo título.

Desde logo, quanto à evolução da jurisprudência.

Como tem sido apurado em estudos comparativos, a influência recíproca entre o Tribunal de Justiça e as jurisdições nacionais traduz-se nomeadamente no facto de o método jurisdicional utilizado por Luxemburgo integrar uma perspetiva dos direitos nacionais, o que produz um arrastamento inevitável nas jurisdições de cada país. Por outro lado, a evolução das jurisprudências nacionais pode deslocar o centro de gravidade para o Tribunal de Justiça e provocar uma mudança da jurisprudência da União.

O trabalho operativo do Tribunal de Justiça (continental quanto à definição e aplicação de princípios e anglo-saxónico quanto ao método) poderia nomeadamente influenciar as jurisdições de certos Estados membros quando se obstinam num discurso técnico-científico abstracto que faz prevalecer a autoridade das fontes (em especial, da doutrina) sobre a substância e o mérito da causa.

Assim também, quando ignoram a Constituição e aplicam reticentemente os direitos fundamentais.

A comunidade jurídica portuguesa recorre à Constituição mais como remédio contra uma "má" decisão que como fonte de direitos. E observa os direitos fundamentais mais como disciplina jurídica que como critério metodológico de toda a interpretação normativa.

Também no que, em geral, respeita ao papel das magistraturas, há pontos em que vale a pena insistir. A organização sistémica, a utilização estruturada das tecnologias, o domínio sobre o uso do processo ou o tipo de cultura dos agentes parecem-me os mais importantes. Sobretudo, a cultura judicial.

Se quisermos correr alguns riscos de generalização, poderemos falar na necessidade de um corte epistemológico que seccionaria a realidade, tanto horizontal como verticalmente.[2]

Em termos horizontais, tem de reconhecer-se que o número crescente e desordenado de disciplinas jurídicas potencia a necessidade de especialização.

Esta necessidade deveria, todavia, desencadear respostas diferenciadas.

A nível organizativo, ela reclama jurisdições que reflictam a diferença e a complexidade, com amplo recurso a peritos; a nível da formação, haveria que ponderar se a utilização de critérios de "especialização na fonte" não produzirá magistrados dominados

---

[2] Cunha Rodrigues, *ibidem*.

por uma concepção egocêntrica de determinadas matérias e, consequentemente, menos atentos ao direito como grande sistema de normas. A especialização deveria, porventura, fazer-se a partir de uma suficiente imersão nas jurisdições de competência genérica e não, como, por vezes, acontece, afectando magistrados, especializados *ab initio*, a jurisdições especiais.

No corte vertical, o balanceamento deveria operar-se pela via de movimentos de duplo sentido.

No sentido descendente, as palavras de ordem seriam simplificação, desformalização, concentração e oralidade.

Todavia, – aqui, uma das minhas discordâncias relativamente a soluções adoptadas em alguns lugares – o juiz de pequenas causas não deveria ser um juiz de pequeno estatuto.

Por duas ordens de razões: a primeira, é que julgar com citação directa, segundo a oralidade e com decisão imediata, exige uma bagagem jurídica e uma experiência judicial que não possui normalmente quem começa; a segunda, é que o juiz recém iniciado dificilmente responderá a um dos objectivos plausíveis da solução: gerir a conflitualidade de massa. O vício de determinadas soluções de jurisdições de pequenas causas está, por isso, e desde logo, na ilusão estatística.

No sentido ascendente, em que a dimensão constitucional e europeia se apresenta, a natureza das coisas pede que o juiz se "eleve". Se eleve tanto quanto o que se eleva converge, permite a elaboração de sínteses e atinge o sentido possível da verdade.

Refiro-me, com estas considerações, à necessidade de uma mudança de cultura que substitua, na valoração do trabalho jurisdicional, os critérios provindos do pensamento burocrático por uma verdadeira atitude prudencial.

O "quem mais sabe", "quem mais acerta", "quem mais decide" não contribuem para o florescimento desta cultura.

Nesta, os direitos fundamentais e os princípios gerais deveriam exercer uma função propedêutica e unificadora em relação aos vários ramos do direito. Só ela poderia respeitar a pluralidade e reconhecer-lhe um sentido significante à luz do direito.

A palavra que melhor exprimiria uma nova cultura judicial seria, talvez, "sabedoria".

Ela envolve, ao mesmo tempo, o conhecimento, a experiência e a autoridade.

Não se trata de uma novidade.

A definição e utilização de princípios gerais e o amplo recurso aos direitos fundamentais é já o método utilizado por jurisdições constitucionais mas igualmente por outras jurisdições superiores de Estados membros que assumiram este papel, rigorosamente decisivo para a sustentação do direito.

Só assim se poderá responder aos novos e candentes problemas trazidos pela exponenciação dos nexos de causalidade e pelo princípio da incerteza que constituem um dos nós górdios da aplicação do direito.

Falei em "função unificadora".

Não é demais voltar a esta ideia.

Um dos malefícios de slogans como "quem mais sabe", "quem mais acerta" ou "quem mais decide" foi criar jurisprudências solitárias e fragmentadas que põem todos os dias em causa a segurança jurídica e a igualdade dos cidadãos perante a lei.

O valor do precedente é, hoje, um imperativo de democraticidade e de funcionalidade da justiça. De democraticidade, porque os cidadãos têm o direito de ser tratados de forma idêntica e de saber com o que contam. De funcionalidade, porque a certeza do direito dissuade o conflito e a litigância.

A originalidade do método aplicado pelo Tribunal de Justiça da União Europeia esteve exactamente em partir de um modelo moldado no Conselho de Estado francês e deixar-se, depois, influenciar pela tradição anglo-saxónica (particularmente a Câmara dos Lordes e o Supremo Tribunal Federal dos Estados Unidos) construindo o que passou a designar-se por via pretoriana, que não é mais que a decantação de princípios à luz de precedentes jurisprudenciais.

A cultura judicial deveria, finalmente, assumir uma legitimidade estritamente fundada no saber e na autoridade delegada pelo povo.

Com uma clarificação: a doutrina, adquirida nos lugares em que se constrói o conhecimento, não deverá, por meras razões de ordem categorial, sobrepor-se à jurisprudência como fonte de direito.

O fascínio pela opinião publicada é, em certo sentido, a doença infantil de alguns sistemas de justiça. Qualquer obscuro técnico de leis passa a ser citável para motivar uma decisão judicial, desde que um seu escrito apareça nos escaparates das livrarias.

Poderá responder-se à complexidade com a ideia do regresso às coisas simples?

Nem sempre.

Mas a ideia não é de excluir.

É verdade que o mundo mudou.

O direito tem novas fronteiras e precisa de uma justiça que as possa e saiba reconhecer.

Há, no entanto, ideias antigas que permanecem como elementos de cultura e identidade.

É nosso dever procurá-las.

Recordarei, a título de exemplo, as "Instruções para um juiz" que Olaus Petri redigiu, na Suécia, em 1530, e que, ainda hoje, constituem o pórtico de textos legislativos e influenciam a prática judicial na Suécia e na Finlândia:

Lê-se, a certo trecho, das *Instruções*:

"O bem do homem comum é a lei suprema; por isso, o que for considerado útil para o homem comum deve ser considerado lei, mesmo que as palavras de uma lei escrita possam parecer dizer outra coisa".

Não se trata de uma regra ou de um princípio geral.

É uma espécie de norma pré-constitucional que todo o juiz tem presente, naqueles países: o que for considerado útil para o bem comum deve ser considerado lei, mesmo que a lei escrita pareça dizer outra coisa.

É certo que o juiz de que falámos não é – é bom que se diga - o juiz dito independente de que falam as crónicas de costumes da actualidade.

O juiz independente dos dias de hoje parece ser outra coisa: um magistrado que se arrisca a não ter tempo para exercer a sua missão, tão atarefado se encontra na defesa da sua independência.

Depois de um longo período em que, por razões que não vêm ao caso, se dizia que o pecado morava ao lado (o lado era o Ministério Público) a maldição está a atingir os juízes.

Vale a pena retomar o assunto, com duas ou três asserções sobre a questão da independência.

A transmigração de poderes e o aparecimento de poderes fácticos trouxeram para a ribalta Montesquieu no seu melhor.

Contribuíram para isto factores históricos e geográficos mas, sobretudo, uma visão redutora do Estado.

Os sistemas judiciais podem estar a ser vítimas desta "euforia".

A independência política passou a constituir o mais importante termo do léxico judicial.

E, como consequência, a palavra "crispação" entrou na moda.

O resultado é que os poderes político e judicial se vigiam e temem reciprocamente, por razões que nem sempre se reconduzem aos respectivos estatutos constitucionais.

Esta circunstância, mais patente, nas democracias da Europa ocidental, prejudica a organização e a gestão do sistema judicial e está a produzir um ruído mediático que descredibiliza e gera desconfiança.

A sobrevalorização da independência política conduzirá, por outro lado, inexoravelmente ao empobrecimento da independência *tout court*.

À força de se interrogarem sobre a independência política, os magistrados tenderão a desvalorizar a sua independência moral e intelectual.

Eu sei que é um tema ingrato e impopular.

Mas incontornável.

Não se trata de uma mera questão de formação inicial das magistraturas, mas de uma obrigação para a vida. Tem relação com a ética e a deontologia e impõe uma tensão em que estão presentes a cultura, o saber e a autoridade.

Dizer o direito e fazer justiça é uma função de escolhas.

Ora, não está em condições de escolher e não é, por isso, independente, quem possui uma visão desinformada e estreitamente positivista do direito ou vê o mundo a preto e branco. A insuficiência de alternativas limita as escolhas, favorece o preconceito e desregula a medida da autoridade.

Tenho tido o privilégio de exercer funções naquilo a que comummente se chama um "ambiente multicultural complexo".

Trabalhar com juízes aculturados no espírito da *civil law* ou no da *common law* ou com juízes que cresceram em velhas democracias ou experimentaram ditaduras fascistas, fascizantes ou comunistas é conviver com um mosaico de referências que interpela sobre os limites do conhecimento e a consistência das convicções.

Esta experiência mostrou-me que, mesmo convicções jurídicas que temos por mais definitivamente adquiridas podem ser alteradas por novos prismas de análise ou pela necessidade de proteger valores fundamentais.

Tenho, pois, por indiscutível que a função jurisdicional impõe postura cívica, atitude ética, humildade e inquietude intelectual e auto-vigilância constante (peregrinação interior, como diria Alçada Baptista). E que é aqui que mergulha a raiz da independência, que está antes de todo o olhar sereno e avisado sobre a independência política.

Mas sendo este apenas um lado da questão, é também aqui que reside o imponderável desafio.

Na verdade, o juiz comprometido com o desenvolvimento da personalidade e do carácter, fiel ao espírito das leis e aberto à cultura e aos saberes, actor em nome do povo, dificilmente será a flor à beira do pântano.

Tem de ser promovido e reconhecido pela sociedade em que se insere.

Reclama o respeito que lhe é devido.

Exige que o Estado preserve e defenda os espaços da sua autoridade.

Faz parte da identidade nacional, antes e independentemente de qualquer ideia de razão ou de ordem.

Não sei se a cultura política prevalecente na generalidade dos países possui ou é capaz de possuir esta concepção de juiz, tão prisioneira parece estar de uma ideia de "governance" que se aproxima da condução de negócios, na exacta medida em que se distancia das aspirações genuínas do povo.

É este, em meu entender, um dos maiores problemas da justiça, na actualidade, traduzido nomeadamente pelas dificuldades surgidas com os modelos de gestão autárquica das magistraturas.

As razões que motivaram a emergência destes modelos mantêm-se, se não mesmo agravaram-se.

Paradoxalmente, os níveis de reconhecimento e aceitação das soluções baixaram drasticamente.

Admito que tenham sido esquecidas regras básicas de que destacarei algumas:

a) a gestão autárquica das magistraturas não deverá nunca converter-se em instrumento de corporativização ou de agregação do sistema;

b) o poder político e os conselhos superiores devem resistir à tentação de criar ou alimentar tensões adversariais, objectivo que os magistrados têm de assumir com um especial dever de cuidado dada a natureza das suas funções;

c) os poderes de gestão devem orientar-se, interiormente, para uma administração rigorosa e prudente dos objectivos e dos meios, e, exteriormente, para o diálogo construtivo;
d) não existe verdadeira autonomia sem a atribuição sustentável de recursos;
e) é necessário observar um respeito estrito pela separação de competências e funções no interior de cada sistema;
f) a participação democrática na organização dos conselhos superiores deve fazer-se em nome da legitimidade e do pluralismo e não em representação de interesses partidários;
g) é fundamental, na gestão autárquica das magistraturas, vigiar a legitimidade e o efeito útil de cada actuação, à luz do princípio da unidade do Estado e da prossecução do interesse geral.

O mal-estar que, hoje, se percebe em várias latitudes ultrapassou a lógica de funcionamento para interessar aspectos fulcrais da teoria do Estado.

Assiste-se a um crescente isolamento da questão da justiça, na descrição do estado da Nação, o que, permitindo alienar responsabilidades e diabolizar terceiros, é inoperante como discurso.

Os temas que sucintamente abordei estão cheios de inter-conexões.

Algumas ideias, como a de uma concepção económica e funcionalmente sóbria do sistema de justiça não têm que ver com as teorias recentemente formuladas sobre o Estado exíguo.

São-lhe anteriores e nasceram à sombra da teoria da gestão de conflitos.

Por outro lado, no que se refere ao estatuto dos magistrados e designadamente ao método de abordagem da questão da independência, há muita reflexão a fazer e alguma confusão a dissipar.

O que me parece decisivo e urgente é compreender os problemas e analisar os riscos.

Qual "jangada de pedra" de Saramago, o juiz e, em geral, os magistrados, soltaram-se do continente político representado pela unidade do Estado e, pela natureza não executiva das suas atribuições, arriscam-se a ficar à deriva, num mar povoado de ilhotas em que vicejam poderes obscuros ou não identificados.

José Narciso Cunha Rodrigues

INTERVENÇÃO DO VICE-PRESIDENTE DO SUPREMO
TRIBUNAL DE JUSTIÇA NA SESSÃO SOLENE DE
INAUGURAÇÃO DA PÓS-GRADUAÇÃO

"O Direito Europeu em Acção – A Jurisprudência do Tribunal de Justiça da União Europeia"

ANTÓNIO HENRIQUES GASPAR
Vice-Presidente do Supremo Tribunal de Justiça

1. A Europa da Justiça afirma-se sobretudo pela dimensão real e simbólica da relação com os cidadãos, com justiça vivida e justiça concretizada na percepção do sentimento de justiça.

A Europa da Justiça será, por isso, no mais essencial, a Europa das jurisdições – dos tribunais nacionais em interacção entre si e com as instituições judiciais da União.

Na construção sempre inacabada de uma outra ordem normativa e de um espaço de justiça comum, na complexidade e diversidade de ordens jurídicas que se coordenam e completam, são as jurisdições e os juízes que hão-de concretizar e afirmar o espaço de liberdade, segurança e justiça.

A coerência do sistema europeu, a sua perenidade e o seu dinamismo dependerão, no essencial, da concretização judicial, e antes de tudo da actuação do juiz nacional, que se coloca na arquitectura judicial europeia como o primeiro juiz na realização do Direito Europeu da União.

Nesta missão, as jurisdições nacionais têm de assumir e assimilar o objectivo e a finalidade da vontade comum que se realiza pelo direito, interpretando-o de modo a fazer germinar a semente política que se comunica através do direito – política no sentido de finalidade, desígnio, função, vontade e visão.

A Europa da Justiça não se realizará se o juiz nacional, assumindo ou assimilando mal as relações entre o projecto, a ideia, a visão e a norma, se situar desconfortavelmente no projecto da Europa judiciária, sem compreensão pelos mecanismos de cooperação com outros sistemas, e se sentir pouco encorajado na sua função de primeiro juiz do Direito Europeu e, por isso, predisposto a ver no direito da União uma regulação tecnocrática, estranha, heterogénea ou afastada das tradições internas do seu sistema de que também é guardador.

E, se assim for, o direito na dimensão europeia, porventura mal compreendido, esquecido, considerado de interpretação estrita e alcance limitado, expõe-se ao vazio de eficiência, precipitando o declínio da ideia que visa realizar.

Entre os textos e a sua aplicação e concretização pode interpor-se a pesada espessura das realidades psicológicas, dos condicionamentos sociais e dos hábitos profissionais.

É, pois, também primeiro encargo intelectual e cultural assumir a Europa dos Juízes e das jurisdições, sem o que não haverá Europa da Justiça e espaço de liberdade, segurança e justiça e sem o que os Tratados restariam letra morta; mas a Europa da Justiça não se decreta: inspira-se e organiza-se.

2. A construção do espaço europeu de justiça há-de resultar de um sentimento partilhado e da cooperação entre os juízes dos Estados membros e a jurisdição da União.

O sistema tem de ser fundado no compromisso, na confiança e no sentimento de pertença a uma mesma comunidade de direito e de juízes; na assumpção pelo juiz da sua missão transnacional, na confiança recíproca dos juízes dos diferentes Estados, na aceitação confiante dos mecanismos de cooperação criados pelos Tratados e na abertura a outros caminhos sem o fechamento em qualquer «nacionalismo metodológico».

Entre os juízes a confiança mútua adquire-se no conhecimento das pessoas antes de se realizar no conhecimento dos seus actos, cria-se e reforça-se na comunicação, na relação organizada, na partilha de experiências, no trabalho em comum, no encontro e na reflexão operacional numa comunidade de pensamento e acção e de comunhão de valores.

E o sistema há-de sustentar-se na confiança dos cidadãos, que originariamente detêm a legitimidade exercida pelas jurisdições – a justiça administrada em nome do Povo.

Mas a confiança supõe a harmonização mínima de critérios comuns que permitam revelar e construir garantias essenciais que cada sistema tem de oferecer – imparcialidade, independência, eficiência e eficácia, acesso ao direito e aos tribunais, prazos razoáveis, processo equitativo, efectividade dos meios de recurso.

Na intersecção de jurisdições, a justiça europeia tem de constituir uma justiça de qualidade.

O espaço comum não será de justiça se não for também um espaço de adequadas garantias jurisdicionais. Pensado e construído, no essencial, para garantir e tornar efectiva e segura a liberdade de circulação dos indivíduos, está ao serviço dos cidadãos e das suas liberdades e garantias.

O espaço de segurança, em que os vectores de cooperação penal e repressiva parecem ser determinantes, tem de reequilibrar-se como espaço de justiça, onde os direitos fundamentais actuem como património cultural e jurídico da União e dos seus Estados membros.

A União constitui uma comunidade de direitos e de valores.

Num caminho seguro e, por vezes, marcadamente pretoriano e pioneiro, as jurisdições transformaram um acervo de regulações denso, compacto e assimétrico num sistema coerente com um ordenamento jurídico específico, betonado através de princípios constitutivos.

3. Além dos instrumentos operativos – a cooperação directa entre as jurisdições dos Estados membros – o diálogo e a interacção judicial com a jurisdição da União realizam-se por meio de um instrumento processual privilegiado: o reenvio

prejudicial para interpretação e validade, previsto actualmente no artigo 267.º do TFUE.

O reenvio prejudicial visa garantir a uniformidade de interpretação do direito da União, sempre que num processo submetido a um órgão judicial nacional se suscitem questões cuja decisão dependa da aplicação de qualquer norma de direito da União, originário ou derivado; tem como objectivo a prevenção de divergências de jurisprudência e garantir a unidade da ordem jurídica da União, na diversidade de jurisdições que devem assegurar, cada uma no seu domínio, o respeito pelo Estado de Direito.

A função do meio processual é assegurar o princípio da uniformidade de interpretação ou da verificação da validade de normas do direito da União, independentemente do Estado a que pertença o órgão judicial que tenha de decidir, possibilitando que as mesmas normas, quer directamente aplicáveis, quer necessitando de disposições internas de transposição, sejam interpretadas – e aplicadas – do mesmo modo pelas diversas jurisdições nacionais, apesar da diversidade de culturas e sistemas jurídicos.

As competências do TJ expandiram-se por diversas matérias fora dos campos tradicionais da economia, do mercado e adjacentes, e tocam actualmente espaços amplos da vida quotidiana dos cidadãos europeus, a que acrescem os recentes alargamentos da União com a adesão de outros Estados.

As competências do TJ foram substancialmente acrescidas desde Amesterdão, e acrescentada com

Lisboa, impondo-se uma adaptação dos modelos de interacção ou reordenamento nas relações de complementaridade e de diálogo com as jurisdições nacionais.

Pelo âmbito das matérias às quais se alargou a competência, a possibilidade de intervenção do TJ ficou muito extensa: asilo e imigração; acesso ao direito; direitos das vítimas em processo penal; obtenção de provas; condições do reconhecimento mútuo; mandado de detenção europeu e várias outras matérias que sucessivamente venham a constituir objecto de intervenção no espaço de liberdade, segurança e justiça.

As decisões de expulsão de estrangeiros por razões de ordem pública e segurança; os pressupostos de autorização para reagrupamento familiar como condição do exercício efectivo da liberdade de circulação, o respeito pela garantia do recurso jurisdicional efectivo perante as jurisdições nacionais, as condições de residência em outro Estado e a extensão da protecção "por ricochete" da liberdade de circulação, ou, em outra dimensão axiológica, a consideração do princípio fundamental da dignidade da pessoa humana como princípio operativo condicionante da liberdade de prestação de serviços, e certamente tantas outras, são questões que, na multiplicidade das formas específicas que se revelam na diversidade das situações concretas, estão também, ou podem estar, submetidas à jurisdição do TJ pelo meio processual do reenvio prejudicial.

Mas, do mesmo modo, no que respeita à cooperação em matéria penal e de processo penal, a competência prejudicial do TJ cresceu de maneira transversal e horizontal, para domínios complexos e extensos, com incursões mesmo no direito interno e na verificação contextual do direito.

A competência prejudicial pode, pois, tocar intensa e extensamente com a apreciação de questões não apenas de conformidade ou compatibilidade (e de interpretação conforme), mas também com aspectos essenciais a considerar e apreciar nos espaços de inter-normatividade e das valorações dos direitos fundamentais.

4. Este alargamento da competência institui, decisivamente, um novo paradigma, que nos convoca para um outro nível de reflexão sobre a urgência de (re)pensar um outro modelo de intervenção e um reordenamento nas interacções entre as jurisdições nacionais e a jurisdição da União.

É que pela sua própria natureza e por contingências de procedimento inevitáveis, o reenvio prejudicial não pode ser infinitamente elástico.

A amplitude (possível) da competência prejudicial permite que o TJ seja chamado a intervir pelas jurisdições dos Estados membros em extensos campos, de âmbito geral, em que não estão em causa especificidades técnicas ou particularidades das regulações do governo da economia e do mercado, ou das suas liberdades instrumentais, mas questões centrais da condição de cidadão europeu e da liberdade de circulação das pessoas, desligadas já da qualidade económica de trabalhadores, mas antes ligadas ao estatuto civil, à jurisdição cível, ao direito penal e ao processo penal, todas envolvidas pela intervenção conformadora dos direitos fundamentais.

E, nesta medida, com âmbito pessoal e material alargado a questões de cidadania, sem a intervenção de elementos transnacionais ou transfronteiriços de conexão.

Nas circunstâncias actuais – e ainda com maior intensidade após o Tratado de Lisboa – a construção da Europa judiciária implicará, logo pela praticabilidade institucional, uma relação mais directa e interactiva dos diversos sistemas judiciais e o comprometimento recíproco de cada um na edificação do espaço judiciário comum.

A reordenação da Europa das jurisdições tem, por isso, de repousar mais nas jurisdições nacionais – não apenas na proclamação simbólica do juiz nacional como primeiro juiz do Direito Europeu, mas na consideração efectiva das jurisdições nacionais na centralidade real da jurisdição da União e do seu direito.

Neste reequilíbrio que as circunstâncias impõem, os tribunais nacionais, especialmente os supremos tribunais, devem ter uma função de maior densidade, numa síntese de valores convergentes e partilhados que as jurisdições nacionais, como co-autores do desenvolvimento do Direito Europeu, também devem saber, e sabem, expressar.

5. O número crescente de reenvios prejudiciais tem exigido adaptações no modo de gestão e decisão do TJ com novos métodos e procedimento.

Mas exige também a cooperação dos tribunais nacionais.

Enquanto for ou continuar a ser manejável o actual modelo – e uma alteração de paradigma implicaria modificação dos Tratados, o que não está na ordem do dia – impõe-se que as jurisdições nacionais usem de um particular rigor na utilização do mecanismo de reenvio prejudicial.

O reenvio está ao serviço da unidade e da uniformidade de interpretação, mas especificamente está ao serviço das jurisdições dos Estados membros.

Por isso, os tribunais nacionais devem fazer tudo o que for necessário para garantir que o reenvio opera do modo mais eficiente e eficaz possível.

A nível interno, e dependendo só de regras de processo nacionais, poder-se-á pensar em alguma intervenção de filtragem pelos supremos tribunais, nos casos em que, segundo as regras dos recursos, a questão possa ser levada ao conhecimento das jurisdições superiores.

No sistema português, por exemplo, admite-se o recurso da decisão que suspenda a instância. E a questão prejudicial determina a suspensão da instância – artigos 276.º, n.º 1, alínea a) e 279.º, n.º 1 do CPC.

Mas o problema central relativamente ao uso adequado do reenvio prejudicial está na precisa determinação da pertinência da questão e na necessidade de interpretação.

As jurisdições nacionais devem proceder a uma rigorosa avaliação dos pressupostos do reenvio.

Mais do que a necessidade, que constitui um critério ou pressuposto situado ainda nos limites interiores da metodologia de interpretação, tributária do *case law* e da doutrina do "acto claro", a pertinência ou relevância do direito da União para a decisão do caso constitui a questão central.

A expansão do direito da União a matérias cada vez mais extensas e a intensa actividade normativa, de difícil monitorização, tornam árdua a decisão sobre a pertinência ou relevância.

Os pressupostos da exterioridade ou da transnacionalidade de algum elemento de conexão, que retira a questão da exclusiva pertença nacional, não é bastante; a expansão do direito da União atingiu e conformou transversalmente o direito interno, com implicações na decisão sobre a pertinência.

De qualquer modo, a questão da pertinência ou relevância, dependendo em muito do conhecimento do tribunal e do juiz (*jura novit curia*), poderá ser também o resultado da cooperação constitutiva, em misto de convergência e de dialéctica processual, entre as partes e o tribunal.

6. A natureza da Carta dos Direitos Fundamentais, após o Tratado de Lisboa com o mesmo valor

do que os Tratados, coloca alguns problemas novos a respeito do âmbito do reenvio prejudicial.

É que, não obstante as proclamações, é a aplicabilidade *ratione personae* e *ratione materiae* da Carta que será essencial para a medida dos resultados, o nível da efectividade de protecção e a utilização dos meios processuais.

O documento contém disposições expressas que limitam o âmbito de aplicabilidade a uma dimensão que se apresenta contraditória com os objectivos proclamados, e a extensão e a natureza do catálogo de direitos.

Os artigos 51.º e 52.º («âmbito de aplicação» e «âmbito de interpretação») são as disposições-chave que marcam os limites da ambição, tanto *ratione personae* (aplicabilidade pessoal activa e passiva), como na amplitude *ratione materiae*.

As disposições da Carta «têm por destinatários», nos termos do artigo 51.º, n.º 1, 1.º parágrafo, «as instituições, órgãos e organismos da União, na observância do princípio da subsidiariedade, bem como os Estados-Membros, apenas quando apliquem o direito da União. Assim sendo, devem respeitar os direitos, observar os princípios e promover a sua aplicação, de acordo com as respectivas competências e observando os limites das competências conferidas à União pelos Tratados».

Esta disposição constitui uma «cláusula horizontal» que concretiza a aplicabilidade *ratione personae* da Carta, limitando a amplitude da eficácia dos direitos enunciados, que nas suas formulações materiais apresentam uma «enorme força expansiva e uma tendencial aplicação generalista».

O artigo 51.º, n.º 1 determina, por outro lado, a aplicabilidade da Carta aos Estados Membros, mas «apenas quando apliquem o direito da União».

Não obstante a fórmula aparentemente simples, a delimitação do âmbito de aplicabilidade pessoal passiva aos Estados Membros é complexa.

Nesta categoria integram-se várias situações, sempre que as instâncias nacionais actuem em aplicação ou execução de obrigações decorrentes do direito da União.

Na verdade, o âmbito pessoal passivo relativamente aos Estados Membros está referido no artigo 51.º, n.º 1 apenas à aplicação («apenas quando apliquem») do direito da União.

Surge, assim, a questão de saber se, quando uma instância nacional procede a derrogações ou a excepções com fundamento em cláusulas de protecção – por exemplo, saúde pública; segurança; ordem pública – está ainda, ou não, a aplicar direito da União; antes, se a não aplicação por excepção ou derrogação, ou a desaplicação, constituem, para este efeito, ainda aplicação do direito da União.

E, se não aplicar o direito da União, o Estado Membro não está submetido às vinculações da Carta, nem, por consequência, aos meios de controlo jurisdicionais com fundamento em disposições da Carta.

A legislação dos Estados Membros e a consequente actuação das autoridades está fora da aplicabilidade da Carta, que só será aplicável se existir, directa ou indirectamente, um elemento de conexão com o âmbito de aplicação do direito da União.

Porém, a adopção das medidas previstas nas competências da União definidas nos Tratados, validada na condição de subsidiariedade pela existência de elementos de conexão (existência de dimensão transfronteiriça – artigos 81.º e 82.º, n.º 2 do TFUE; execução eficaz de uma política da União – artigo 83.º, n.º 2), terá vocação de «expansão da aplicabilidade» a todos os casos, mesmo quando não existam elementos de conexão, pelo impacto da generalização que lhes será inerente.

As disposições internas editadas em execução do direito da União aplicam-se, com efeito, a todos os casos, sejam puramente nacionais ou tenham elementos transnacionais ou natureza transfronteiriça. A aplicabilidade da Carta não poderá distinguir entre uns e outros.

Mas, em outra perspectiva, de co-decisão entre instâncias judiciais, poder-se-á suscitar a questão da (obrigatoriedade da) utilização do reenvio prejudicial sobre interpretação (artigo 267.º TFUE) se a questão for puramente nacional, não participando de qualquer elemento de conexão transnacional ou de natureza transfronteiriça, e nessa medida não relevar da aplicação do direito da União.

7. A decisão sobre a pertinência da questão de interpretação, que radica na aplicabilidade de uma norma de direito da União, constituirá a chave do rigor da colaboração entre as instâncias nacionais e o TJUE.

António Henriques Gaspar

Intervenção na Sessão de Abertura da Pós-Graduação em Jurisprudência da União Europeia

CARLOS PINTO DE ABREU
Vice-Presidente do Conselho Superior da Ordem dos Advogados

Sem qualquer *stress*, mas com muito gosto e imensa honra, sou parte, e o último orador, do ilustre painel de abertura desta excelente, original e bem organizada pós-graduação e, ainda assim, cumpre-me, respeitosamente, cumprimentar institucionalmente:

A Universidade de Lisboa (*Universitas*) que esteve representada pelo Senhor Professor Doutor Sampaio da Nóvoa – Magnífico Reitor, e que significa, neste acto, a primeira instituição verdadeiramente europeia na génese e na missão, no sentido da abertura do ensino ao tempo e ao espaço europeu e da transnacionalidade dos professores, dos estudos e da acção dinamizadora da ciência, do ensino e da cultura, e

A Faculdade de Direito da Universidade de Lisboa, que aqui esteve duplamente representada

(1) pelo Senhor Professor Doutor Eduardo Vera Cruz Pinto, seu Director, também meu estimado Colega e Amigo, que distingo pela sua solidez humana, frontalidade e desassombro e pela obra ímpar que nos deixa na história e na filosofia do direito, em Portugal e na Europa, na ética dos profissionais do

foro e na cultura jurídica nacional, o que me faz lembrar o meu Patrono e Mestre profissional, o Senhor Professor Doutor Germano Marques da Silva, e

(2) pelo Senhor Professor Doutor Pedro Romano Martinez, seu Presidente do Conselho Científico, meu Mestre em tempos, na Faculdade de Direito de Lisboa da Universidade Católica, a quem reconheço dignidade, grandeza de alma, firme dedicação à investigação científica e aos estudos jurídicos e, em particular, ao desenvolvimento dos direitos sociais, e a direcção tranquila que imprimiu a esta Faculdade pela serenidade, excelência e elevação com que desempenha o cargo.

Cumprimento especialmente os ilustres membros da Academia e da Judicatura presentes nesta mesa pela sua sabedoria, experiência e visão:

O Senhor Professor Doutor Eduardo Paz Ferreira – Presidente do IDEFF e Presidente do Instituto Europeu, também Advogado e meu Colega, insigne Professor e grande dinamizador dos Estudos Pós-Graduados, pela inteligência, energia, pragmatismo e modernidade com que enfrenta os desafios da actualidade, e... pela maldade que fez aos presentes em convidar-me;

O Senhor Juiz Conselheiro Narciso Cunha Rodrigues – Presidente da Segunda Secção do Tribunal de Justiça da União Europeia pelo seu percurso e exemplo de vida como magistrado e como jurista insigne, a quem todos devemos, desde logo, o "recado a Penélope", mas não só, pois ficará na história do moderno Ministério Público como um dos seus principais construtores e digno sucessor do Senhor Conselheiro Arala Chaves, meu Mestre "Académico", porque foi com ele que dei as minhas primeiras aulas, e

O Senhor Juiz Conselheiro António Henriques Gaspar – Vice-Presidente do Supremo Tribunal de Justiça, a quem admiro a verticalidade, a postura, a profundidade, a sobriedade, e reconheço a superior alma e a matriz de excelência, de integridade e de isenção do juiz que é, aqui, e será, simultaneamente, um lídimo representante de uma das mais altas individualidades do Estado português, a quem agora se devem umas "reflexões fora do lugar-comum" que irei ler atentamente.

Cumprimento finalmente três altas individualidades que assistem a esta sessão: o Senhor Presidente do Tribunal da Relação de Lisboa, Desembargador Dr. Vaz das Neves; a Senhora Procuradora-Geral Distrital de Lisboa, Dra. Francisca Van Dunem, e o Senhor Dr. António Vitorino, meu Ilustre Colega, os três digna representação das tradicionais profissões forenses, para quem esta pós-graduação foi pensada, da Magistratura Judicial, da Magistratura do Ministério Público e da Advocacia.

Estou aqui, gentilmente convidado, na minha simples qualidade de Advogado atento ao devir da legislação e jurisprudência comunitárias, a representar uma Advocacia sempre necessitada de informação, de actualização e de mais e melhor formação, também em matérias europeias ou internacionais; e estou também em representação institucional do Conselho Distrital de Lisboa da Ordem dos Advogados, que tem a competência própria da formação inicial, complementar e contínua na sua área geográfica de actuação, de Rio Maior a Sesimbra, passando por Lisboa.

Esta pós-graduação, pelos temas que aborda e pela qualidade e experiência dos seus docentes, é verdadeiramente imprescindível para os profissionais e cultores do Direito em acção e nasceu fruto da cooperação entre dois Institutos – o Instituto de Direito Económico, Financeiro e Fiscal e o Instituto Europeu, com o apoio da Reitoria da Universidade de Lisboa.

A cooperação foi o motor inicial na tentativa de crescente e paulatina integração das nações – Estado de uma nova Europa - transnacional renascida dos escombros e do horror da II Guerra Mundial onde, mais que a guerra universal, a violência inusitada sobre civis e a morte escusada de milhões, chocou o genocídio por razões políticas, raciais e culturais, a fria, calculista e ponderada organização do holocausto ou a extrema racionalidade e insensibilidade humana da perseguição, do terror e do extermínio.

Pior mesmo, porque universal, só talvez a anestesia e a inércia popular ou a completa ausência inicial de reacção dos poderes organizados ou a falta de consciência e de coragem, diria mesmo, a cumplicidade vergonhosa ou a cobardia envergonhada da generalidade das elites e, até, a intervenção activa de alguns dos profissionais do foro. Que foram cedendo nos princípios. Que foram transigindo nos valores.

A integração europeia não é, pois, nem deve ser, apenas circunscrita ao fenómeno económico, financeiro e fiscal. Atrevo-me a dizer que aquelas realidades – económica, financeira e fiscal – são importantes mas, todas elas, meramente instrumentais. Que esse possa ser também o pano de fundo desta pósgraduação e da formação global do papel dos juristas na sociedade moderna. Em prol dos Direitos Humanos e em defesa da Humanidade. Por uma lei geral, ordenadora e justa. Por uma jurisprudência individual niveladora, equitativa e inovadora.

Permitam-me uma visão idílica da Europa do Atlântico aos Urais, e que rompa para além destes e do estreito dos Dardanelos, ao invocar a recente jurisprudência do Tribunal Europeu dos Direitos do Homem sobre o direito ao Advogado – Pavlenk *v.* Russia, 1.4.2010; Shaskunov e Mezentzev *v.* Russia, 10.6.2010; Lopate *v.* Russia, 13.7.2020 e Pishalnikov *v.* Russia, 24.9.2010 ou Salduz *v.* Turquia, 27.11.2008; Dayaram *v.* Turquia, 13.10.2009 e Dermiskaya *v.* Turquia 13.10.2009 – que foi talvez a razão do meu convite hoje!

Permitam-me, pois, repito, que sublinhe, neste acto singelo, a aprovação de um instrumento muito recente que, sendo o primeiro de vários do Roteiro de Estocolmo, irá dar que falar nos direitos internos dos Estados Membros e, claro, na jurisprudência do

Tribunal de Justiça da União Europeia.

Ou seja:
Foi aprovada a primeira Directiva que aborda a temática dos direitos processuais penais mínimos do cidadão na União Europeia. É um marco histórico na caminhada colectiva da Europa em direcção a direitos individuais universais e a um processo penal comum. Um passo similar na importância simbólica ao que foi então dado com a aprovação da Carta dos Direitos Fundamentais da União Europeia.

A Directiva 2010/64/UE do Parlamento Europeu e do Conselho de 20 de Outubro de 2010 relativa ao direito à interpretação e tradução em processo penal estabelece uma série de obrigações para os Estados Membros, em geral, e para Portugal, em particular.

Recentemente, em 11 e 12 de Outubro passado, precisamente neste percurso difícil e espinhoso da regulamentação comum e harmonização ou aproximação dos direitos internos, participei no *Experts Meeting on Procedural Rights – Access to a Lawyer (Measure C1 of the Roadmap) and Communication while in detention (Measure D)* organizado pela Comissão Europeia em Bruxelas.

Os trabalhos foram proveitosos e a seu tempo outros instrumentos comunitários em defesa da Cidadania Europeia serão aprovados.

Existe ainda um longo caminho a percorrer até equilibrar minimamente os poderes de investigação e punitivos do Estado com os instrumentos de defesa dos direitos, liberdades e garantias dos Cidadãos.

A aproximação da legislação deve visar a crescente confiança e cooperação entre as autoridades dos Estados Membros e a eficaz protecção dos direitos fundamentais das Pessoas.

Nos direitos das Pessoas incluem-se o direito a um julgamento justo, imparcial e equitativo e o respeito pela efectividade dos direitos de defesa, incluindo o direito ao Advogado.

Com esta Directiva, ou melhor, com a consequente transposição para o direito interno, ficará garantida "...a livre prestação de uma adequada assistência linguística, possibilitando que os suspeitos ou acusados que não falam ou não compreendem a língua do processo penal exerçam plenamente o seu direito de defesa e assegurando a equidade do processo."

O direito a interpretação e tradução abrange as comunicações entre o suspeito ou acusado e o seu defensor legal, os interrogatórios policiais ou perante as autoridades judiciárias ou judiciais, todas as audiências no tribunal, designadamente o julgamento ou as audiências e diligências intercalares.

A interpretação e tradução deve assegurar que o suspeito ou acusado "tenha conhecimento das acusações e provas contra ele deduzidas e seja capaz de exercer o seu direito de defesa".

A tradução escrita é obrigatória para todas as decisões que imponham uma medida privativa de liberdade, a acusação ou a pronúncia, e, claro, as sentenças. O mesmo é aplicável ao mandado de detenção europeu.

Deve ser criado um registo de tradutores e intérpretes independentes com qualificações adequadas e estes devem assegurar a confidencialidade da interpretação e tradução prestadas.

E deve ser proporcionada formação nesta matéria, designadamente de juízes, magistrados do Ministério Público e funcionários judiciais que exerçam actividade no âmbito do processo penal.

Finalmente, consagra-se a obrigatoriedade de registo e de conservação dos registos da diligência, oral ou escrita, e da sua respectiva interpretação ou tradução, isto a fim de se poder sindicar o estrito e cabal cumprimento do direito à interpretação e tradução.

Não nos circunscrevamos, por isso, à pura dimensão económica da União Europeia. Esse não foi sequer o propósito inicial dos fundadores.

A construção europeia é um acto de coragem política, uma exigência política, social e cultural, uma interminável corrida de fundo e labor visionário, inteligente e arguto de cidadãos vários num sonho comum: a unidade na diversidade. A dignidade de todos no respeito pela diferença de cada um. A democracia na experiência de participação e de crescente respeito recíproco. A igualdade e a equidade na promoção do crescimento dos direitos da pessoa e na prossecução do desenvolvimento político, económico, social e cultural.

Do ancestral mundo e império Romano, passando pelo sonho já distante mas ainda actual de

Bento e Bernardo, aos textos modernos dos Tratados fundadores, a Europa foi uma ideia perene e feliz e tem sido uma concretização esforçada e dolorosa. É ainda, sobretudo a partir do Tratado de Lisboa e da Carta dos Direitos Fundamentais da União Europeia, uma utopia exequível. Apresenta-se certamente como uma realidade presente e actuante, será uma superpotência futura a considerar e, esperamos todos, um espaço único florescente de Liberdade, Segurança e Justiça. Por esta mesma ordem. Hoje em construção. Amanhã em acção.

É nessa difícil e espinhosa mas honrosa e grata tarefa que, aqui e hoje, todos comparticipamos e todos, certamente, nos comprometemos.

Muito obrigado.

CARLOS PINTO DE ABREU

Índice

Sessão de Abertura da Pós-Graduação
em Jurisprudênciada União Europeia 2010-2011
   Eduardo Paz Ferreira 5

Alguns temas e múltiplos desafios
   José Narciso Cunha Rodrigues 17

Intervenção do Vice-Presidente do Supremo Tribunal de Justiça na Sessão Solene de Inauguração da Pós-Graduação "O Direito Europeu em Acção – A Jurisprudência do Tribunal de Justiça da União Europeia"
   António Henrique Gaspar 37

Intervenção na Sessão de Abertura da Pós-Graduação
em Jurisprudência da União Europeia
   Carlos Pinto de Abreu 53

ISBN 978-972-40-4485-9